SALOMON
OU LA
POLITIQUE
ROYALE.

AV LECTEVR.

ALOMON découvrant du sommet de la sainte Montagne de Sion, tant de Princes, & tant de peuples idolâtres qui environnoient la Iudée, comme une Isle battuë de tous costez des flots de la mer, forma une si haute, & si merveilleuse entreprise, qu'elle merite tous les éloges, que la science des Saints, & la vertu des Heros d'Israël est capable de meriter. Il declara la guerre à tout ce qu'il y avoit de prophane, & de superstitieux sur la terre, qui conspiroit alors avec l'Enfer pour la défense de ses faux Dieux, & de sa politique mondaine.

Ce Monarque la declara cette

guerre *juste* & *sacrée*, par *ses discours
animez* du plus *beau zele* qui fut jamais ; Il la declara par l'exemple d'une
pieté incomparable, & par le plus
solemnel sacrifice que le *Soleil* euſt
éclairé juſques alors.

Ce *Salomon* commence, & termi-
ne par luy-meſme ce *nouveau genre
de combat*, où ſe preſente un rare
ſpectacle d'un homme ſeul, contre tous
les autres, d'un *Prince fidelle* contre
tous les *Princes Payens*, d'un *Roy
diſciple de la vraye Sageſſe*, contre
tous les *faux prudents du ſiecle*,

Parque novum Judæa videt concurrere bellum
    Atque virum.

Ce grand *Roy* employe les armes de
la *verité victorieuſe* à trencher les
liens honteux de l'idolâtrie, à détrui-
re l'erreur & le menſonge, à reſta-
blir le repos & la tranquilité des *Empires* par la *vraye Religion*.

AV LECTEVR.

On peut dire qu'en ce combat de
la raiſon, & de la ſageſſe, contre la
folie & l'aveuglement des Nations,
la gloire de Salomon eſt toute pure,
elle n'eſt point tachée de ſang, ny
trempée de larmes. On ne crie point
autour du char de Triomphe, Mal-
heur, & deſeſpoir aux Vaincus:
Au contraire on entend par tout ces
cris de ioye. Reſurrection & nouvelle vie à ceux qui eſtoient enſevelis dans la region des tenebres : Ils ſortent, pour ainſi dire,
de leurs ſepulchres par la plus belle de
toutes les portes qui eſt celle de la verité. La victoire de ce Conquerant eſt
ſuivie d'une paix glorieuſe à l'un, &
à l'autre party ; elle eſt également
avantageuſe à la Religion & à l'Eſtat.
Enfin ce Vainqueur pacifique dans la
poſſeſſion des biens preſents, & dans
l'eſperance du bien-heureux advenir,

á iij

regne dans toute sa magnificence, at-
tendant la revelation de la gloire de
celuy qui est le grand Dieu. προσδεχόμενοι
ἐπιφάνειαν τῆς δόξης τῦ μεγάλου τῦ Θεοῦ.

Isa. 3. pru-
dentes elo-
quii mysti-
ci.

    *Ceux qui ont l'intelligence de la
parole mystique, reconnoissent déja le
père du siecle futur, & le Prince de
paix, en la personne d'un grand Roy
qui en a esté la figure : Apres avoir
admiré cet homme divin, ils adorent
l'homme Dieu, qui dans le renouvellement de toutes choses, fera également
regner la verité & la vie.*

SALOMON

SALOMON

OU

LA POLITIQUE

ROYALE.

DISCOURS.

De la Religion.

S I l'on a bien obfervé la dépendance des caufes les unes des autres jufques à la premiere, qui eft feule indépendante; & fi la reconnoiffance qui luy eft deuë eft ce qu'on apelle Religion: la Religion ne tire point fon origine d'une Politique intereffée, quoy qu'elle foit le premier fondement de la Politi-

que. On peut encore raisonner ainsi;
Puisqu'il y a un Estre eternel, souverainement bon, puissant & sage, il faut
necessairement qu'il soit unique, & l'adoration qui luy appartient par preference à tout le reste, estant imprimée
dans les cœurs par la nature; c'est une
suite infaillible que le Culte suprême
qu'on luy rend par toute la Terre, n'est
pas une pure invention des premiers
Legislateurs, afin de reünir les hommes ensemble; quoyque pour maintenir leur societé il n'y ait pas de lien
plus indissoluble. C'est ce que Salomon a establi par des preuves indubitables.

S'il a esté devancé par la Nature, il
a esté suivi par les plus sçavans Personnages, aprouvé du consentement public des Nations, imité par les plus
sages, & par les plus grands Monarques du monde. Quelle verité s'est jamais manifestée avec plus de solidité
& de force, avec plus de splendeur &
de majesté !

Avant qu'il y eust des Republiques
& des Monarchies, avant que des ames
fourbes & interessées eussent inventé

une Religion par maxime, & par interest, & mesme avant que le nom de
Politique fust connu, la Religion estoit
une de ces notions anticipées dont
Epicure mesme demeuroit d'accord.
Cette proposition surprendra sans doute les demy-sçavans, mais il ne faut
qu'avoir des yeux, & sçavoir lire. Epicure donc escrit ainsi à son disciple Me-
necée : *Premierement croyez que Dieu
joüit d'une vie immortelle & bien-heureu-
se, comme tout le monde le croit, & ne luy
attribuez rien qui repugne à son estre incor-
ruptible, & à sa felicité supréme : Celuy-
la n'est pas impie qui nie les Dieux de la
multitude, mais celuy qui attribuë à la Divinité des choses fausses & indignes d'elle.
Ce n'est pas ce que la Nature nous dicte,
ny l'impression qu'elle a donnée, ce n'est que
l'effet de l'erreur & des opinions populaires,*
οὐ γὰρ προλήψεις εἰσιν, ἀλλ᾽ ὑπολήψεις ψευδεῖς τῶν
πολλῶν. Ce Philosophe adjoûte ; *C'est
pour ces opinions sacrileges que viennent de
la part du Ciel tant de miseres aux mé-
chants ; au contraire des gens de bien &
des sages, à qui tant de bon-heur arrive ;
parce que la Divinité aime les vertueux*

A ij

Diog. Laer.
l. 10. in vi-
ta Epic.

qui luy reſſemblent. Ariſtote à qui l'on impute d'avoir douté de la Providence, s'explique preſque en meſmes termes dans ſa premiere Philoſophie. Enfin Epicure, dans la meſme lettre, proteſte hautement qu'il adore *la Divinité pour l'excellence de ſa Nature ; de meſme qu'il revere les excellens hommes des ſiecles paſſez.* Tel eſtoit le ſentiment de ce Philoſophe ennemy des ſuperſtitions de la Grece.

On peut dire quelque choſe de plus fort encore. C'eſt que s'il y a des Religions fauſſes, il faut qu'il y en ait une vraye. La raiſon en eſt evidente. Par neceſſité de nature, la verité a precedé le menſonge, le bien a devancé le mal, & l'adoration du vray Dieu, celle des fauſſes divinitez : Elles n'eſtoient fauſſes que par l'oppoſition qu'elles avoient à la veritable.

Il n'y a rien de plus clair à ces ames royales, à ces ames du premier ordre, dont la vie eſt toute lumiere, tout eſprit, toute intelligence, comme eſtoit celle du Roy Salomon. Il ſçavoit bien que l'on altere, & que l'on déguiſe la verité en cent manieres ; qui a plus ex-

perimenté cela que les Rois ? mais il
fçavoit bien que l'on ne la déguife, &
ne l'altere , que parce qu'il y a une
verité. C'eft par là que l'iniquité fe
dément fouvent elle-mefme ; c'eft
par là que le vice eft contraint de rendre hommage à la vertu. On ne con-
noiftroit pas affez la liberalité fans l'a-
varice fon contraire, la valeur fans la
lafcheté, ny le fçavoir fans l'ignorance,
*Mala fine bonis effe non poffunt ; quia na_*   D. Aug.
turæ in quibus funt , in quantum naturæ,
bonæ funt.

Auffi les premiers impofteurs n'ont
bafty leurs fauffes religions que fur ce
fondement veritable qu'il y a un Dieu.
Ils ont trouvé cette croyance receuë
partout ; ils n'ont fait que s'accommo-
der à l'opinion dominante , en biaifant
plus ou moins felon le prejugé , & les
inclinations des peuples. *Adulterave-*
*runt veritatem , & de una via multos obli_*   Tert. Apol.
quos tramites fciderunt. Les fourbes qui fe   cap. 40.
font un jeu de la credulité des hommes , ont
inventé la methode de les piper pieufement.
Il faut dire les mots de l'Oracle : ἐν τῇ
κυβείᾳ τῶν ἀνθρώπων, ἐν πανουργίᾳ πρὸς τὴν μεθοδείαν   D. Paul. ad
τῆς πλάνης.   Ephef. c. 4.

A iij

En suite joignant la force à la per-
suasion, quand l'occasion s'en est of-
ferte, ces Prophetes armez ont achevé
de vaincre par la violence ceux qu'ils
ne pouvoient convaincre par la raison.
Ils ont combattu la Religion par ses
propres armes ; l'hypocrisie & la superstition ont corrompu la pieté par
quelque ressemblance qu'elles ont avec
elle. *Omnia adversus veritatem de ipsa
veritate constructa sunt.*

Cependant toutes ces feintes, & ces
artifices, ne détruisent pas la verité
primitive imprimée par la nature dans
tous les cœurs. Ils font seulement voir
la corruption des hommes, qui profa-
nent les choses les plus saintes, &
abusent de l'inclination qu'ont les peuples à reconnoistre la Divinité. C'est
à quoy sans peine & sans effort, ils se
portent tous d'eux-mesmes. Comme
naturellement toute multitude se rap-
porte à l'Unité, tous les hommes
instruits par la nature ont reconnu un
Dieu au dessus de toutes choses. Le
bon sens, comme un grand chemin
ouvert à toute la terre, nous meine là
tout droit sans détour & sans embar-

ras. On ne cherche des faux-fuyants
que pour s'égarer, & pour se perdre;
Tant de questions non seulement inu-
tiles & vaines, mais profanes & dange-
reuses, sont autant de pieges que l'on
nous tend. C'estoit la pensée de Salomon, comme ces paroles le témoi-
gnent : *Solummodo hoc inveni quod fece-*
rit Dominus hominem rectum, & ipse se in-
finitis miscuerit quæstionibus. Voila l'a-
bregé de sa doctrine, voila le precis
de sa sagesse. Ah que la premiere sim-
plicité estoit éclairée ! que l'âge d'in-
nocence estoit heureux ! Il donnoit au
but d'abord, & voyoit d'une premiere
veuë tout ce qui estoit necessaire de
voir.

Certainement il semble à raisonner
juste, qu'il seroit bien difficile de com-
prendre comment toutes les Nations,
dans tous les siecles, & dans tous les
climats du monde, se sont generale-
ment accordées à reverer une Divinité
invisible, au dessus de leurs Princes &
de leurs Rois, à moins d'y avoir esté
portées par la Nature, qui a suppleé à
la raison parmy les peuples les plus sau-
vages. Il faut bien qu'il y ait eu dans les

hommes les plus éloignez les uns des autres, & les plus differens en coustumes, en mœurs, & en loix, je ne sçay quoy de celeste qui ait passé jusqu'au fond de leurs ames, & leur ait imprimé une crainte religieuse pour une puissance à laquelle il est impossible de resister. Il n'est pas besoin de faire parade icy de ce que mille Autheurs ont allegué sur ce sujet, Salomon seul me suffit, aussi bien n'appartient-il qu'à ce grand Roy d'instruire les Rois, à qui sa Politique Royale est adressée en ces termes : *At nunc Reges intelligite, erudimini qui judicatis terram.* Pour nous convaincre de l'inclination naturelle qu'ont les hommes d'adorer Dieu, ce Monarque a remarqué qu'ils se sont fait des Dieux de toutes choses, plûtost que de n'en avoir point. Ils ont idolâtré des reptiles & des serpens, des crocodiles & des monstres : Ils ont deïfié jusqu'à des insectes.

Leur aveugle raison est venuë échoüer
A l'Autel de ces Dieux nais de la pourriture,
Et que la sçavante Nature
Pour l'œuvre de ses mains ne veut pas avoüer.

Ils ont communiqué l'honneur in-

communicable à des corps inanimez.
Les Nations abusées d'une apparence
de lumiere , & d'un éclat emprunté,
ont mis le Soleil à la place de son Createur : Elles en ont fait le Maistre & le
Roy de l'Univers. Toutes les figures
celestes, toutes les constellations, ont
esté l'objet de leurs vœux , ainsi que
l'estoile de Venus;

Ce feu le plus chery de tous les feux celestes ,
Qui du jour perissant vient recueillir les restes.

Enfin les peuples ont introduit jusques
dans le Ciel la pire forme de gouverne-
ment, qui est celle de la multitude.

Salomon n'a pas oublié de leur re-
procher leur aueuglement en plus d'un
endroit, & n'a point manqué de raison
pour les convaincre. *Par la beauté , &*
la grandeur des Creatures , dit ce Prince,
autant que le finy & l'infiny peuvent avoir
de proportion , les hommes devoient avoir
reconnu la sagesse , & la magnificence de
Dieu. L'Apostre des Nations a emprunté ce raisonnement , & quasi les
mesmes paroles.

C'est ainsi que Salomon a cherché
l'origine du monde, & l'a trouvée, apres
avoir surmonté le travail & la peine qui

veillent à la porte du temple de la verité, pour en défendre l'entrée aux ames lâches & paresseuses. C'est ainsi qu'il a jetté les fondemens inébranlables de la vraye Religion ; c'est ainsi qu'il a confondu l'impieté & la superstition de son siecle.

Chose estrange ! les Physiciens, & les Astrologues de Chaldée, ont connu tous les moteurs des plus bas ordres, & ont esté si miserables que d'ignorer le premier Moteur. *Ils ont mis en sa place*, ce n'est pas moy, c'est le plus sage des Rois qui parle, *Ils ont mis en sa place le feu, l'air & le vent ; Ils ont invoqué les deux luminaires destinez au service de la nature, ils se sont figurez que les corps celestes estoient les dominateurs de la Terre : Insensez ! d'avoir ainsi pris l'effet pour la cause ; ingrats & injustes esprits ! de rapporter à la machine faite pour eux-mesmes, ce qu'il faloit rapporter à son autheur. Sciant quanto his dominator eorum speciosior est, speciei enim generator hæc omnia constituit.*

La force de cette expression meriteroit d'estre apperceüe de tout le monde, on auroit besoin de remarquer, que la beauté visible consiste dans le juste rapport des lineaments & des traits, avec un agreable mélange de couleurs, sans oublier le grand air & la belle taille, ce qui s'entend des belles Personnes; on auroit besoin d'observer que la lumiere, l'ordre, & l'arrangement des Astres fait leur beauté. Il faudroit prendre garde que tout cela est compassé avec la justesse, & la rapidité de leurs courses, & qu'il se refere au salut, & à la perfection de l'Univers. C'est ce qui ne peut estre, ny subsister sans une intelligence premiere, sans une sagesse superieure à toutes ces causes secondes. Voila ce que les faux Sçavants, voila ce que les Idolatres du Soleil & de la Lune n'ont pas assé medité, autrement, ils auroient donné toute la gloire à Dieu, autrement ils n'auroient point divisé ce qui est absolument indivisible, selon la Philosophie de Salomon. ὁ γὰρ τοῦ κάλλους γενεσιάρχης ἔκτισεν αὐτά.

Les Rabins qui disent les choses à leur maniere ont entre-eux une Tradition curieuse. Ils rapportent qu'Abraham un jour que son pere l'avoit laissé seul à sa Boutique pour vendre certaines

figures de terre dont les bonnes Gens
de la ville faifoient leurs dieux, caffa
tous ces fimulacres l'un aprés l'autre,
indigné de la fuperftition d'une Vieille
qui leur venoit offrir de l'encens. Il
rompit tous ces dieux d'argile & de
plâtre avec un bafton, qu'il mit entre
les mains du plus grand de tous pour
rejetter fur fa mauvaife humeur la cau-
fe d'un fi grand fracas. A fon retour le
pere d'Abraham s'irrita fort contre fon
fils, & prit pour une mauvaife défaite
ce qu'il alleguoit de l'emportement du
plus grand de fes dieux contre les pe-
tits. Ils n'ont eu garde, ce luy dit-il, de
fe quereller, ny de fe battre, puifqu'ils
n'ont ny parole, ny mouvement. Ah
mon pere, refpondit Abraham, pour-
quoy donc les adorez-vous, vous qui
les avez faits, & qui fçavez agir, &
parler?

La raifon a peu de lieu où l'intereft &
la fuperftition dominent. D'abord toute la parenté d'Abraham, & en fuite
toute la Ville fut en rumeur, chacun
s'écria qu'il falloit punir les Impies. La
mere mefme d'Abraham le pourfuit
avec toute la populace irritée, & le

meine à vn certain Nembrot, qui n'eſt pas le Nembrot de l'Eſcriture, mais celuy de la Cabale des Juifs. Ce Nembrot luy commande d'adorer preſentement le Soleil & les Eſtoiles, ſous peine d'eſtre brûlé tout vif dans une fournaiſe ardente. Abraham luy reſpond que le Soleil & les Eſtoiles ne ſont que des boules de feu, qui ſans cet élement n'auroient, ny chaleur, ny lumiere. Adorez donc le feu reprit ce Roy ou ce Juge, car les Autheurs varient là-deſſus.

Abraham. Ne faudroit-il pas plûtoſt adorer l'eau, laquelle a la vertu d'eſteindre la flâme ? *Nembrot.* Adorez l'eau j'y conſens. *Abrah.* Je croy qu'il vaudroit mieux encenſer les nües qui nous donnent de l'eau ſelon la ſaiſon. *Nemb.* Je le veux bien, allez ſacrifier aux nües. *Abrah.* Il me ſemble que les vents diſſipent les nües, & les pouſſent où bon leur ſemble. *Nem.* Hé bien preſentez-leur voſtre Encens. *Abrah.* Je le ferois volontiers ſi les hommes n'avoient trouvé mille inventions differentes pour s'oppoſer au ſouffle des vents & pour les faire ſervir à leurs beſoins : Je jugerois donc plus

raisonnable que les hommes s'adoraſ-
ſent les vns les autres, n'eſtoit que les
hommes, comme les aides à Maçon,
n'apportent que les materiaux dont nos
corps ſont compoſez. Il faudroit adorer
plûtoſt, ce me ſemble, l'Architecte de
l'edifice, celuy que le monde croit le
Pere commun de tous les hommes.
Alors Nembrot connut bien ce qu'A-
braham vouloit dire : Mais à la mode
de ceux qui n'entendent point de raiſon quand ils ont la force en main, & à
qui il ſuffit de dire, *Ie le veux, & je le
puis* ; il commanda de jetter ce beau
raiſonneur dans la Fournaiſe dont il fut
ſauvé par miracle. Juſques icy la Tradi-
tive des Hebreux.

Quelques Sçavants diſent qu'elle eſt
fondée ſur l'équivoque d'un mot, qui
ſignifie le feu, & une Ville de Chaldée où demeuroit Abraham. D'autres,
comme ont fait les Arabes dans ce Re-
cueil de preceptes qu'ils appellent par
excellence la Lecture, ont autrement
conté la choſe que Salomon a quelque-
part inſinuée. *Dieu,* dit-il, *approuvant*
Sap. 11. v. 5. *la Iuſtice, & la fidelité du Iuſte, le confir-
ma dans la Foy au milieu d'une Nation*

Idolatre & le delivra de la main des In-
fidelles. Cecy arriva plus de fix vingts-
ans aprés la confufion des langues. *Sci-*
vit Iuftum , & confervavit fine querela
Deo, in confenfu nequitiæ cum fe Nationes
contuliffent.

Les Curieux me fçauront , peut-
eftre, gré de ce recit, & verront bien
qu'il s'accorde avec le reproche que
fait Salomon aux demy - fçavants de
Chaldée, de ce qu'ayant bien connu
l'ordre & la difpofition des Aftres , ils
n'avoient pas reconnu celuy qui les a
rangez comme une Armée en bataille,
pour combattre du haut des Cieux tous
les infenfez de la Terre. *Si enim tantum* *Sap. 11. v. 5.*
potuerunt fcire , vt poffent æftimare fæcu-
lum , quomodo eius Dominum non facilius
invenerunt ?

Certainement la dépendance mu-
tuelle des parties de l'Univers qui fe
maintiennent les unes les autres, prou-
ve affez que pas une d'elles n'eft inde-
pendante, & partant ces Eftres dépen-
dants & inferieurs font foûmis à un
premier Eftre, dont la veneration naturellement emprainte en nos Ames, eft
ce qu'on appelle Religion.

Que Pline & ceux qui le suivent ne
nous disent donc plus, que c'est une es-
pece de fureur de vouloir chercher
quelque chose au delà du monde, &
que s'il y a quelque divinité, il n'y en a
point d'autre que le Soleil. Que les
Stoïciens ne dogmatisent plus, qu'il faut
appeller du nom de Jupiter tout ce que
l'on void, & tout ce que l'on sent : Que
le monde est eternel, que le monde est
de soy-mesme, (ce que j'examineray
tantost) & qu'il n'y a point d'autre
Dieu que luy. Car à raisonner juste,
l'Univers composé de tant de portions
qui font chacune en soy des touts se-
parez, n'est pas luy-mesme un vray
tout. Le monde est un tout par assem-
blage de parties distinctes, comme seroit une Armée ou une Ville ; ce n'est
pas un tout Physique comme est un
homme, & un lion. Arrachez un che-
veu de vostre teste ou un ongle de vô-
tre main, toutes les parties de vostre
corps y compatissent ; mais abattez un
chesne ou un orme d'une forest, le
chesne & l'orme tombent sans que le
reste de la forest y prenne part. Il en
est de mesme des Eaux de la mer, & des
grandes

grandes maſſes de la Terre, leurs parties n'ont point entre-elles de veritable union : elles font auprés les unes
des autres, & ne font point continuës.
Les Eſtoiles naiſſent, & meurent dans
le Firmament, elles s'allument, elles
s'eſteignent, ſi l'on en croit les plus
exacts obſervateurs, indépendamment
les unes des autres. Enfin, il eſt de
l'Univers comme des grands Corps politiques qui ne peuvent ſubſiſter ſans
chef, autrement ce n'eſt plus que de-
fordre & confuſion.

Ainſi dans la ſplendeur de ſa Gloire ſuprême,
Rome n'eut autrefois à craindre qu'elle meſme:
Ses pieds fouloient l'orgueil des Rois aſſujettis,
Et ſes bras enfermoient l'une & l'autre Thetis.
Elle touchoit le Ciel de ſa ſuperbe teſte
Et ne redoutoit plus ny foudre ny tempeſte,
D'un bout du mode à l'autre on adoroit ſes loix;
Elle tombe pourtant par ſon enorme poids,
Il faut que ce Coloſſe en ſa chûte periſſe,
Et ſa propre grandeur l'entraiſne au precipice.

Nec ſe Roma ferens. Jugez à proportion des prodigieuſes machines des
Cieux & des Elemens.

Si l'on me permet de m'eſtendre un
peu là-deſſus, & ſi l'on ne peut trop

loüer le Pere & l'Autheur du monde,
dont les Cieux inceſſamment racon-
tent la gloire, ne pourroit-on pas dire
que les roües myſterieuſes qu'un Prophete a décrites comme enclavées
l'une dans l'autre, avançant ou recu-
lant ſelon l'impulſion de l'eſprit qui les
fait mouvoir, tandis que l'ancien des
jours ſe repoſe ; Ne pourroit-on pas
aſſurer que les tours & les retours que
font ces roües ſur elles-meſmes, ſont
un emblême de la courſe des Cieux qui
entraiſne avec elle toute la machine
de l'Univers ? Le temps change toutes
choſes, & il arrive des Eſtats & des
Empires, ce qui arrive des roües d'un
chariot, l'une ſe leve quand l'autre ſe
baiſſe, pour ſe relever bien-toſt apres.
Ces revolutions continuës entretien-
nent l'ordre du monde, qui n'eſt à le
bien définir, que la parfaite liaiſon
qu'ont entre-elles les choſes les plus
hautes & les plus baſſes, neceſſairement
unies les unes aux autres pour com-
poſer ce grand Tout. On ne void pas
la main inviſible qui les unit, comme
on ne void pas l'art & l'induſtrie de
l'Ingenieur, qui toutefois ne laiſſe pas

d'eftre l'ame des machines. *Currere mundum fuo ordine , & inceffabiliter velut rotam in fuo axe torqueri ; unde & rota in rota, tempus in tempore , & annus in femetipfum revolvitur.*

L'experience qu'avoit Salomon de cette viciffitude des chofes, porta fon efprit au deffus des Aftres , afin d'en adorer l'Autheur,

Qui feul fans fe mouvoir, fait mouvoir tout le monde.

Ce fage Monarque fut perfuadé qu'à la maniere de la fcience qui refide dans l'efprit de l'ouvrier , & non pas dans fon ouvrage, celle des revolutions celeftes partoit d'une intelligence fuperieure à toutes ces rouës enflammées, dont l'ardeur ne s'efteint jamais. Alors il parut à ce grand Prince, que fur le front du firmament, fi la modeftie de la Profe peut fouffrir cette hardieffe, il voyoit éclater la lame d'or du fouverain Preftre , où il lifoit ces mots gravez en caracteres ineffaçables, *La faincteté du Seigneur. Magnificentia tua, Deus , in diademate illius fculpta erat.*

Salomon n'avoit donc garde de confentir à l'idolâtrie des Nations , & de ſe faire autant de Maiſtres qu'il y a d'Aſtres dans le Ciel, luy qui ne reconnoiſſoit au deſſus des Rois , que ce Roy immortel de tous les ſiecles , ce Roy qui commande ſeul & toûjours à toute la terre, ce Roy , qui chaſtie & qui recompenſe les Rois , ſelon qu'il en a juré par luy-meſme : *Ego os Regis obſervo, & præcepta juramenti Dei.* Telle eſt la profeſſion de foy de Salomon.

Examinons un peu le motif particulier de cette grande ame; Il eſt digne de l'attention de tous les Princes , & rien ne peut mieux prouver l'obligation indiſpenſable, qui les lie à l'obeïſſance de la ſouveraine Majeſté.

Il n'y a point de Monarque qui ſe comparant aux autres , ne s'attribuë quelque préference particuliere, ſoit d'antiquité, ſoit de naiſſance , ſoit de conduite , de richeſſes , de force , & de valeur. Salomon eſtoit convaincu d'une verité ſi manifeſte par l'exemple des Rois ſes voiſins, & par ſa propre experience. Mais il eſtoit encore plus convaincu , que lors qu'un Prince ſe croid plus grand, plus abſolu, plus riche, & plus puiſſant qu'un autre, ce

n'eſt que l'idée que ſon eſprit a con-
ceuë d'une ſuprême grandeur, qui l'o-
blige à parler ainſi.

Il le fait bien ſouvent ſans y faire de
reflexion, mais la choſe ne laiſſe pas
d'eſtre. Cette lumiere eſt en luy ſans
venir de luy ; c'eſt une de ces connoiſ-
ſances que l'on peut appeller *anticipées*.

Quiconque meditera bien là deſſus,
découvrira enfin cette grande verité :
Que ſi l'on compare enſemble le plus
& le moins de puiſſance & de force
des plus grands Princes, avec la Majeſté ſuprême du Roy des Rois, avec
cette vertu divine qui ſouſtient & em-
braſſe tout ; la comparaiſon de choſes ſi inégales ſe détruit en la faiſant
par la diſproportion infinie qui eſt entre-elles. La Souveraineté abſoluë, premiere & indépendante, ſans commencement & ſans fin, ne ſouffre point de
rivale. Elle eſt toûjours unique ; elle
eſt toûjours uniquement ce qu'elle eſt ;
parce qu'elle n'a rien d'égal, parce
que rien ne luy peut reſſembler. Elle
regne dans une ſolitude majeſtueuſe,
pleine de ſes propres biens, & riche de

ſon abondance : Elle habite, & ſe con-
tente en elle-meſme, ſeparée de tout
le reſte par ſa ſainteté & par ſon inac-
ceſſible lumiere. Faiſons voir cette
grande verité dans tout ſon jour , &
que l'éloquent Africain nous la décou-
vre. *Quid eſt Deus ? ſummum magnum.*
Duo ſumma magna quomodo conſiſtunt?
cum hoc ſit ſummum magnum, par non ha-
bere. Ineluctabilis eſt iſte complexus ; Deus
ex defectione æmuli ſolitudinem quandam
de ſingularitate præſtantiæ ſuæ poſſidet.

Par une ſi ſolide reflexion Salomon
commença ſon regne, & le finit heureuſement , parce qu'il s'humilia devant l'Eternel. Il vit bien que quiconque connoiſt la grandeur de Dieu , ne
peut plus s'eſtimer grand à quelque de-
gré d'élevation qu'il ſe trouve. Toutes
diſtinctions de Charges , de Dignitez,
d'Empire , & de Royauté ſe perdent,
& s'aneantiſſent dans cet abyſme infiny d'eternité de puiſſance. Cet incom-
prehenſible , ce vif , cet eternel éclat
de lumiere, eſt un feu qui conſume tout
ce qui oſeroit en approcher temeraire-
ment. Du pied de ce Thrône de Gloire il ſort une voix épouvantable, avec

des tonnerres & des foudres, qui crie
à l'orgueil de la pouſſiere & des vers, O
viles creatures, dequoy vous eſtes-vous
glorifiées ? *Quid ſuperbis terra & cinis ?*
Le faſte, l'enflure, l'orgueil, l'injuſti-
ce, & la violence, par qui les Grands
du ſiecle ſe diſtinguent ordinairement
des autres, s'évanoüiſſent devant une
ſi terrible preſence, qu'eſt la preſence
de l'ancien des jours : de ſon tribunal
élevé ſur le Ciel des Cieux, & devant
qui ſe courbent les Intelligences qui
portent le monde, éclate un jour effroyable qui confond toutes les œu-
vres de tenebres, qui revele juſques au
fond de leurs ſepulchres & de leurs py-
ramides ſuperbes, les iniquitez d'Aſſy-
rie & d'Egypte, les abominations des
Monarques de Babylone & de Tanis.
Ces grands, ces orgueilleux cedres qui
faiſoient ombre à toute la terre, ont
eſté brûlez juſqu'à la racine, & leurs
rejettons reduits en poudre. On a cherché la place où ils eſtoient, & leur place ne s'eſt plus trouuée. On void bien
que c'eſt l'Eſcriture ſainte qui parle;
car quelle eloquence humaine eſt capable de parler ainſi ? Voicy le ſceau

que Salomon a mis à toutes ses refle-
xions precedentes. *Excelso excelsior est
alius, super eminentes eminentiores quo-
que sunt alij, & insuper universæ terræ
rex imperat servienti :* Bien loin d'estre
l'usurpateur de la gloire, qui n'est deuë
qu'au souverain Maistre du Monde,
Salomon a reconnu publiquement
qu'il n'en estoit que le simple déposi-
taire, sçachant bien que la main qui a
fait le Ciel & la Terre, les peut défaire
avec la mesme facilité que les Rois ses
semblables font destendre les pavil-
lons de leurs armées, apres les avoir
tendus. C'est par de si religieux sentiments que ce Monarque obtint la grace de consacrer le Temple de Jerusalem, & de faire descendre le feu du
Ciel sur son Sacrifice, à la gloire eternelle du Createur, à la honte, & à la
confusion des creatures qui usurpoient
les honneurs divins. Sur la fin de ce
discours nous éclaircirons cecy davantage.

Ce sage Prince apprit avec horreur,
& avec une juste indignation contre
les profanes, que c'estoit un prodigieux
aveuglement de se faire des Dieux visi-

bles ; puifque tout ce que l'on void eft
changeant, & que tout ce qui fe change ouvre une porte à la mort. Tout ce
qui a changé n'eft plus ce qu'il eftoit,
& ceffera bien-toft d'eftre ce qu'il eft.
Eftrange ftupidité, effroyable eftour-
diffement ! L'homme dont l'orgueil a
efté le premier crime, a efté fi fort pré-
venu à l'afpect de la beauté de quelques corps lumineux ; ou mefme tellement faifi par la crainte & la frayeur
des infectes, y a-t-il rien de plus ram-
pant ? qu'il a adoré des creatures ina-
nimées, & facrifié à d'autres, dont la
corruption eft la mere ! Ce que j'ay
bien voulu repeter pour la derniere
conviction de noftre foibleffe : Les
ames imprudentes y ont efté attrapées *Sap. 14.*
comme les oyfeaux au filet. L'homme *v. 11.*
n'a donc pas foûtenu l'éclat de fa pre- *εἰς παγίδα*
miere origine, qui n'a mis que Dieu *ποσὶν ἀφρό-*
au deffus de luy, & qui l'a égalé aux *νων.*
Anges ! Des propres miniftres de nos
befoins, & de ce que nous foulons aux
pieds, nous en avons fait nos Dieux ;
comme qui idolâtreroit le flambeau
qui nous éclaire, & le feu qui nous
échauffe ! Ah s'il faut adorer quelque

chose, il faut adorer quelque chose au
deſſus de ſoy ; Il ne faut pas chercher
tant de Maiſtres, ny ſe faire tant de
Dieux ſans neceſſité.

Cependant ſi je m'y connois, c'eſt
toûjours quelque choſe de merveilleux, & qui tourne à la gloire de l'Autheur de la Nature, que juſques dans
la bouë, & dans la lie des elemens il ſe
ſoit trouvé une ſi forte & ſi vive im-
preſſion du doigt de Dieu, que les
moucherons, les ſerpens & les cou-
leuvres ayent éblouy les yeux des hommes, & troublé leur raiſon à un point
que de leur avoir offert de l'encens.
C'eſt bien là une preuve manifeſte que
le ſentiment de la Divinité eſt ſi natu-
rel à l'homme, qu'il s'en forge plûtoſt
de fauſſes & de ridicules, que de ſe re-
ſoudre à vivre ſans Dieu. Pour moy
j'ay cent fois admiré le procedé des
Atheniens : de crainte d'avoir oublié le
vray Dieu parmy tant de Divinitez
douteuſes, ce peuple le plus ſçavant,
& le plus poly de la Grece, dreſſa
un Autel au Dieu inconnu ἀγνώσω θεῷ,
laiſſant à penſer que celuy qu'il adoroit ſans le connoiſtre, pouvoit bien

eſtre le veritable.

Que ſi le maſque, l'apparence, & le phantoſme de la Religion a eu tant de pouvoir ſur les eſprits, que ſera-ce de la Religion elle-meſme ? ſi la crainte des Dieux d'argile & de plâtre a tant eſtably de Monarchies, que ſera-ce de la crainte du Dieu vivant ? La ſimple apprehenſion de ſa Juſtice inévitable, & la veneration de ſa Majeſté ſupréme, a eſté le commencement de la Sageſſe dans toutes les ames bien nées : La ſanté, la joye, & le repos de la vie, ſont inſeparables de cette crainte ſalutaire, *Deum time, & recede à malo; erit* Prov. 3. *quippe ſanitas umbilico tuo, & irrigatio oſſibus tuis.* Tel eſtoit le ſentiment du Roy Salomon. C'eſt dequoy l'Antiquité la plus ſage nous a inſtruits; Elle qui n'adoroit & ne craignoit qu'un Dieu; elle qui commençoit en l'invoquant, & finiſſoit en le beniſſant de toutes ſes plus hautes entrepriſes.

Les premiers Poëtes, qui furent les premiers Theologiens, ont tout ſoûmis, hommes & Dieux, à celuy qui eſt le pere des uns, & le Roy des autres: Quoy qu'ils ſe ſervent de leur miniſtere, c'est toûjours par dépendance de leur Jupiter. Pour montrer qu'il est unique, ils luy font remplir le Ciel & la Terre , & l'appellent l'ame du monde.

Dans leurs Poëmes heroïques , qui font leurs ouvrages de plus longue haleine, & de plus de force ; dans leurs Pieces tragiques qu'Aristote estime le chef-d'œuvre de la Poësie, ce qu'ils appellent *Machine*, suppose cette croyance establie, que l'homme de luy-mesme est incapable d'executer les hautes entreprises sans l'assistance du Ciel ; Ainsi Pallas, qui est la sagesse divine, assiste Ulysse dans ses desseins les plus perilleux , & retient les emportemens d'Achille.

Les Philosophes s'en sont expliquez plus clairement & plus fortement dans leurs ouvrages ; & si la pluspart ont eu leurs Temples communs avec le peuple idolâtre, leurs celebres Academies en ont esté fort separées , *Habebant scholas dissidentes , & templa communia.* Socrate, le plus sage de son temps, juroit plus volontiers par son chien que par Jupiter ; parce que l'un estoit mort,

D. Aug.

& que l'autre estoit vivant. Mais comme ce Philosophe estoit grand dissimu-
lateur, il pensa qu'il devoit dissimuler
ses sentiments à la multitude, que la
Verité toute nuë auroit peut-estre
blessée comme une clarté trop forte & trop éclatante. Avec leurs amis
& leurs disciples Socrate & Platon
rectifioient toutes choses ; Le dernier
s'en expliqua nettement dans ses let-
tres à Denys de Syracuse.

Ces sages mondains estant eux-mesmes honteux de l'encens qu'ils of-
froient publiquement aux Idoles, re-
couroient en particulier aux mysteres
de l'allegorie, & tâchoient d'échap-
per à la faveur de ses tenebres. Quand
ils avoient sacrifié à quelqu'un de leurs
Dieux ou de leurs Déesses, qui avoient
fait des actions qu'un honneste homme se seroit bien gardé de faire, la
Mythologie estoit le voile dont les Philosophes se couvroient. Ils cachoient
là dessous les larcins de Mercure, & les
adulteres de Venus ; l'infamie de Cy-
bele & de son Athys, la fureur de Bacchus, & de ses Bacchantes.

Les Prestres d'Egypte, & les Sçavans

de leur siecle, en vsoient de mesme en faveur de leur Déesse Isis, & de leur Orus Apollo. Aristée parlant au Roy Ptolemée, surnômé Soter, ne craint pas de luy dire au milieu de toute une Cour idolâtre, que le Dieu des Juifs, à qui ce Monarque consacra de si riches presens, estoit le mesme que le Jupiter des Grecs, auquel ils avoient donné ce nom, à cause qu'il nous conservoit la vie. Εἷς δὲ ὢν πολυώνομός ἐστι. Cela veut dire que ce Philosophe ne reconnoissoit qu'un Dieu, qu'il appelloit differemment selon ses operations differentes.

Jupiter, comme on sçait, avoit des noms infinis, & l'on faisoit plusieurs images de sa bonté, de sa puissance, & de la justice. Le peuple s'en est forgé autant de Dieux, & de Déesses, tandis que les Doctes professoient entre-eux que l'esprit humain, qui ne peut se representer par une seule idée cette essence adorable, dont les vertus sont infinies, estoit comme forcé de diviser ce qui est indivisible, & de multiplier l'unité mesme. Junon, Mercure, Minerve, Apollon, & les autres Dieux,

Sen. l. 2. nat. qu. c. 45. Eundē quem nos Iovem intelligunt, custodem rectoremque universi, animam ac spiritum, mundani, hujus operis dominum & artificem, cui nomen omne convenit. Vis illum fatum vocare ? non errabis, hic est quo suspensa sunt omnia. L. 1. de mund. c. 7.

repreſentoient à leur maniere divers
attributs divins, & cachoient enigma-
tiquement au vulgaire les myſteres de
la Nature, & quelquefois ceux de
l'Eſtat.

Les adorateurs de la Poëſie d'Homere n'ont point de meilleure invention
pour l'excuſer des paſſions & des vices
qu'il oſe imputer à ſes Dieux : Ils ont
recours à l'allegorie, & à l'enigme. Ils
ſauvent par là les impietez & les blaſ-
phemes de ce Poëte. Il faut bien prendre garde, diſent-ils, de s'arreſter à la
lettre, tout cela eſt repreſenté myſti-
quement.

Les Theologiens de Memphis & *Long. c. 7.*
d'Athenes en vſoient ainſi. Quant aux εἰ μὴ κατ᾽
Philoſophes purement naturels, ils ne ἀλληγορίαν
nioient pas tant la divinité, qu'ils la λαμβάνονται
confondoient avec la Nature : ce que ᾗ παντάπα-
font encore quelques-uns : *Quid aliud* σιν ἀθέα, ᾗ
natura, quam Deus, & divina ratio toti οὐκ σώζοιντα
mundo, & partibus ejus inſerta? τὸ πρέπον.

Junon & Jupiter ne ſignifioient en- *Senec. de*
tre-eux que l'air & le feu. Pluton eſtoit *benef.*
le Dieu des Enfers & des richeſſes, à ἥ ἐκ *Meta-*
cauſe qu'elles ſont tirées des lieux bas, *theſi littera-*
& des mines cachées ſous terre. Auſſi *rum.*

avoit-il tiré son nom de πλοῦτος.

L'Ocean passoit pour le pere des Dieux & des hommes, sur ce que la chaleur & l'humidité sont les principes des choses. Selon les Grecs, le bon & le mauvais Genie n'estoit que nostre bonne, & nostre mauvaise inclination. Mars est pris par eux pour une force genereuse & bien-faisante, comme le mot d'Aris le signifie, & Minerve est mise par tout pour la prudence dans l'Iliade & dans l'Odyssée du bon Homere, dont les fables contenoient un peu de verité, & la verité estoit meslée de beaucoup de fables.

Dans l'Academie, & dans le Lycée, il n'y a qu'un seul Maistre du monde, & un premier moteur immobile. En ces Escholes celebres, la raison estant rentrée en elle-mesme, & vsant, pour ainsi dire, de ses droits, dissipa les tenebres de l'erreur publique, & distingua fort entre les Dieux de la multitude, & le Dieu des Philosophes. Dans l'assemblée des Sçavans d'Athenes, toutes ces Nymphes & ces Déesses, à qui l'on sacrifioit, estoient renvoyées à la populace & aux Poëtes, pour servir
de

de matiere à leurs superstitions, & à leurs fables. *Vita, & ævum continuum, & æternum Deo inest, hoc enim est Deus. Cætera vero numina fabulose, ad multitudinis persuasionem, & ad legum ac ejus quod conferat opportunitatem illata sunt.* προς την πειθω των πολλων ἡ προς την εἰς τὰς νόμους ἡ τὸ συμφερον χρησιν.

Comme les anciens Philosophes connoissoient les choses en partie, & en partie les ignoroient, ils entrevirent au milieu des tenebres du paganisme, ce que nous voyons en plein jour : Soit que nous ayons profité de leur sçavoir, & du benefice du temps ; soit, comme il est indubitable, qu'une plus haute lumiere que n'est celle de la raison, soit venuë à nostre secours. On remarque pourtant que les grands hommes se sont toûjours mocquez de la foule des Dieux du peuple, parce qu'un seul Dieu suffit à l'Univers, où comme dit le Poëte Grec,

Pluralité de Seigneurs n'est pas bonne,
La Majesté de l'Empire s'affoiblit en la partageant, & puis
L'Amour & le Sceptre
Ne souffrent point de Rivaux.

C

Si plusieurs se mesloient de vouloir
conduire le monde, la contrarieté de
leurs avis auroit dés long-temps és-
claté à la ruine & à la desolation de la
Nature. Sa conduite n'auroit pas toûjours esté uniforme, & elle n'iroit pas
toûjours le mesme train. Et puis, on ne
peut concevoir la premiere cause de
tout, sans concevoir qu'elle est unique, autrement elle seroit, & ne seroit
pas la premiere cause.

C'est vouloir mettre un voile sur le
Soleil, que de pretendre fermer les
yeux à une verité si évidente. Quelle
injustice seroit-ce de la retenir cachée?
ou le moyen de se taire de cette Majesté supréme, dont les graces nous
donnět chaque jour de nouveaux sujets
de parler? Il ne faut point dissimuler la
joye que l'on reçoit des lumieres qu'elle a si abondammět communiquées, &
il est bon de rendre sa felicité publique.
On ne doit pas craindre d'exciter l'en-
vie en la publiant, mais il faut esperer
d'en faire naistre le desir dans toutes
les ames bien nées. C'est l'employ des
Philosophes Chrestiens, de ces Heros
du sçavoir, que l'amour de la verité a

délivrez du trouble de leurs passions, & mis au dessus de la vanité des choses mortelles ; Ils sont proprement le peuple de Dieu. ἀπολείπεται σαββατισμὸς τῷ λαῷ τοῦ θεοῦ.

Pour moy, si j'ose mesler ma foible voix avec leurs acclamations, & leurs loüanges, inspire-moy la grace de t'adorer, comme je dois, ô Souverain Estre des estres, ô Beauté toûjours ancienne, & toûjours nouvelle, ô Nature divine remplie de la fecondité de tous les sexes, ou plûtost inépuisable source de fecondité. Tu produis la lumiere qui ne s'esteint jamais dans les Astres & dans le Soleil, Tu fais la fertilité de la mer & de la terre, comme premiere cause de la creation, du renouvellement, & de la perpetuité,

Et de tout ce qui nage, & qui court, & qui vole.

Tu suffis seule à toy-mesme, & suffis seule à toutes choses. Les Temples & les Autels que l'ancien & le nouveau monde ont consacrez à ta gloire, convainquent bien tous les esprits raisonnables de ta sagesse, & de ta puissance, mais la constante succession des jours,

& des nuits, & l'invariable suite des saisons les en convainquent bien davantage. O toy qu'on appelle Dieu, parce qu'on ne sçait comment t'appeller, Tu penetres toutes les parties de l'Univers sans y estre enclos, Tu presides au dessus du Ciel des Cieux, sans en estre exclus, Tu es veritablement cette Sphere intelligible dont le centre est par tout, & la circonference nulle part. *Psal. Deus deorum in Sion.* Mais quand j'ose parler ainsi, ô Dieu des Dieux, dont l'estre est l'essence, reçoy ce fruit de mes lévres, ce sacrifice de loüanges, & pardonne à ma foiblesse, puisque Tu es incomprehensible, & qu'il n'y a de toy ny imagination, ny pensée. Que pourrois-je dire davantage? Et puis Salomon nous advertit de parler sobrement de Dieu, parce que ses voyes sont plus éloignées des nostres, que le Ciel ne l'est de la Terre. Adorons-le par un respectueux silence, ou si nous en parlons, que ce soit par le motif de compassion qu'on doit avoir pour certains esprits forts, qui sont quelquefois les plus foibles. On est obligé d'écouter tout le monde, & de rendre raison de sa foy à ceux qui nous la demandent.

Quelques Philosophes de profession me firent il y a quelque temps une difficulté qu'ils croyoient insurmontable, quoy que selon la Philosophie, elle n'ait pas une ombre de difficulté. Si le monde, disent quelques-uns, est eternel, ainsi qu'a pretendu le Precepteur du grand Alexandre, de ce qui est eternel, il ne faut point chercher de cause. Qu'est-il donc necessaire de chercher la Divinité au de là du monde? Nous sommes tous des parties de ce grand tout, nous avons toûjours esté en nostre maniere, & sans doute nous serons toûjours, puisque rien ne s'aneantit dans la Nature.

Faisons nostre destin, soyons Dieux à nous-mesmes.

Cette difficulté a esté faite plus d'une fois par des personnes qui se pensoient fort éclairées. Cependant elles raisonnoient à peu prés comme qui diroit, que le jour ne seroit pas l'effet du Soleil, si le jour avoit toûjours esté : Que les fleurs, & les fruits des arbres ne prendroient pas la nourriture de leurs racines, s'il y avoit toûjours eu des

fleurs & des fruits', & que d'un ruiſ-
ſeau, qui a coulé perpetuellement, la
ſource n'a pas eſté perpetuelle.

La peine de répondre à cette que-
ſtion n'eſt donc pas ſi grande qu'elle pa-
roiſſoit d'abord; Et les moindres Logi-
ciens ſçavent diſtinguer entre ce qu'on
appelle, *priorité de Temps*, & *priorité de
Nature*. Ainſi la chaleur eſt poſterieure
au feu, quoy qu'elle en ſoit inſepara-
ble. Tant s'en faut donc qu'il n'y ait
point de cauſe de l'ordre du monde, ſi
le monde eſt eternel; que c'eſt par l'ordre eternel du monde, que la raiſon
eſt convaincuë de l'eternelle Sageſſe
qui le conduit. Quelque petite flotte
que ce ſoit, peut-elle toûjours voguer
heureuſement ſans Pilote? & la diſci-
pline d'une grande armée ſubſiſteroit-
elle long-temps ſans chef? Bien loin
qu'il n'y ait point de premier moteur,
ſi le premier mobile roule de toute eternité avec tant de rapidité, & de juſteſ-
ſe; C'eſt au coutraire, parce que le
premier mobile a toûjours roulé ainſi,
qu'il y a toûjours eü un premier moteur. La conviction évidente de cette
hypotheſe, c'eſt que le moteur, & le

mobile font relatifs, & que les relatifs
ne peuvent fubfifter, non pas mefme
eftre conçeus l'un fans l'autre. Salomon
d'une maniere & fublime & royale, a
dit & prouvé cette verité en deux
mots. *A magnitudine creaturæ non potuit
creator cognofcibiliter videri ?*

J'ay autre part pouffé ce raifonne-
ment plus loin, maintenant c'eft affez
d'Ariftote, & de fa pretenduë eternité. Il eft feulement bon de faire remarquer en paffant, que par des propofi-
tions enchaifnées les unes aux autres,
comme font celles d'Euclide, ce Genie
de la nature a prouvé demonftrative-
ment par les mouvements des corps
naturels dépendans les uns des autres,
qu'il y a un moteur fuprême au deffus
de tous les corps, & que luy & la Nature ne font rien en vain. Quoy qu'il
en foit, j'entends parler de l'authorité
du Philofophe, tous les fages de tous
les temps ont eu une Religion bien
éloignée de la fuperftition populaire.
Ils ne connoiffoient qu'une fuprême
Intelligence, ou comme il vous plaira
d'appeller ce qu'Anaxagore appelloit
νοῦς ; ils n'adoroient que le premier
C iiij

principe, & l'Estre des estres.

Diray-je à la gloire eternelle de la Providence divine, que ce n'a pas esté seulement dans la Grece, & dans l'Italie, mais dans l'Ethiopie & dans l'Egypte, que des ames pures & fidelles ont adoré le Seigneur ? Tyr & Sidon de mesme que Jerusalem, le peuple incirconcis de mesme que le peuple saint & la Nation choisie, ont eu part aux esperances, & à la verité des promesses. Il se trouva dans les deserts de l'Idumée, aux siecles les plus reculez, un petit fils des Patriarches, un Prince juste, & illuminé, qui ne juroit que par le Dieu du Ciel & de la Terre, qui ne s'inclinoit point à la presence de la Lune, & n'adoroit point le Soleil. Aussi quand le sacré volume sera ouvert, où Dieu luy-mesme a écrit tous les noms de ses Elus, on ne verra point de difference entre le Grec & le Barbare. Tyr & Sidon, Memphis & Meroé, aussi bien que Jerusalem la sainte, fourniront des enfans d'adoption, & des hommes predestinez.

L'idolâtrie n'a donc pas toûjours ny tellement enyvré toute la terre, qu'il

n'y ait eu de vrais adorateurs en esprit
& en verité , & qui n'ont jamais bû
dans la coupe empoisonnée de Babylone. Cela est si veritable , que lors que
le Dieu des armées vint faire la reveuë
des troupes fidelles à son nom , il en *Psal. 137.*
rencontra aux bords du Nil & de l'Eu- *v. 5.*
phrate de mesme , qu'aux bords du
Jourdain & de Siloé. Que si Jerusalem
fournissoit seule plus de Capitaines,
que toutes les autres Villes ne four-
nissoient de soldats , cela n'empesche
pas que le nom du Seigneur n'ait toûjours esté grand par toute la Terre.
Magnificasti super omne nomen sanctum *Ibid. v. 3.*
tuum.

On dira, peut-estre, que cecy ne re-
garde que quelque petit nombre de
Sçavants, & quelques ames plus reli-
gieuses que Politiques. Mais que les
grands Princes & les Monarques ont
par tout accommodé la Religion à leur
interest , & que la loy dominante a esté
la loy de l'Estat. J'avoüe que cela se
peut dire , mais on peut dire aussi qu'il
n'en est rien. Pour preuve que le Roy
des Rois n'a pas consenty que l'on fist
cette injure à sa puissance souveraine,

Escoutez parler un Roy Prophete, le plus vaillant, & le plus illuminé des Rois de Juda. Voicy comment il s'exprime, *Confiteantur tibi Domine omnes Reges terræ, quia audierunt omnia verba oris tui.* En voicy la preuve.

Les Monarques des Assyriens, des Medes, des Bactriens, & des Parthes, ont écrit plus d'une fois aux Gouverneurs des cent & vingt-sept Provinces de leur Empire, qui s'estendoit du fond des Indes, jusques aux extremitez de l'Ethiopie ; qu'ils estoient redevables au Dieu du Ciel, de leur Sceptre & de leur Couronne. Ils ont fait immoler des victimes sur l'Autel du Dieu vivant, pour la prosperité de leur regne, & pour leur posterité. Ils justifierent ainsi la Prophetie de David, qui eut soin de commettre aux descendans de Moyse la garde des tresors du Temple, & des riches offrandes que les Princes de la terre y devoient envoyer de toutes parts. Ce Roy de Babylone qui estoit si plein de luy-mesme, & de la gloire de sa Monarchie, ne s'est-il pas humilié à un point, qu'il a reconnu que devant le

Psal. 86.

Phil. Iud. legat. ad Caium.

Dan. 3. 48. & c. 4. 34.

vray Dieu, il n'eſtoit plus qu'une beſte?
Cyrus n'a-t'il pas ſacrifié à l'Eternel,
offert à ſon nom des holocauſtes , &
reparé le Temple du Seigneur ? Le
victorieux Monarque de l'Aſie n'a-t'il
pas adoré le nom ineffable ſur la Thia-
re du grand Pontife ? Les Ptolemées
n'ont-ils pas voulu s'inſtruire en la loy
de Dieu, & témoigné par une ſolem-
nelle Ambaſſade au grand Pontife,
qu'ils ſouhaitoient d'eſtre , pour ainſi
dire, initiez à ſes Myſteres, & qu'ils at-
tendoient d'Orient le jour & la vraye
lumiere ? Que ſi de l'Aſie & de l'Afri-
que on veut paſſer en Europe, peut-on
douter que le victorieux Auguſte, qui
vnit tant de Royaumes ſeparez à ſon
Empire , n'ait offert de magnifiques
preſens au Temple de Jeruſalem , &
n'ait ordonné d'y preſenter chaque
jour des holocauſtes ? Ne ſçait-on
pas qu'il refuſa hautement le nom de
Seigneur & de Maiſtre , parce que c'eſt
un des noms de Dieu, *Dominus nomen
illi.* Tybere, ſon ſucceſſeur, y envoya
prier Dieu pour ſon ſalut & pour ſa
vie, Je dis le ſage & le politique Tybere. Ainſi la gloire du vray Dieu a

Phil. Iud. ibid.

esté magnifiquement publiée ; Elle a esté celebrée dans Rome la Triomphante, & dans la sainte Sion. Ainsi les Rois, selon l'Oracle du Prophete, ont esté les nourissiers de l'Eglise ; Ainsi la Prophetie de Salomon a esté accomplie par toute la terre : *Per nationes in animas se transfert, & amicos Dei constituit.*

Cette grande verité de l'unité d'un Dieu, à l'exclusion de tous les faux Dieux, n'a pû jamais estre effacée; elle a prescrit contre tous les temps, & contre tous les Impies,

> *Tous les destins unis travaillent pour sa gloire,*
> *La Nature y preste la main,*
> *Et fait que tout le genre humain*
> *En conserve en tous lieux l'immortelle memoire.*

Primà descendit ab origine mundi.

Ce qui la confirme davantage, c'est que chacun en est témoin à soy-mesme, c'est que dans les ames les plus perduës la sainte frayeur de la Justice eternelle se renouvelle à certaines occasions, & leur demande imperieusement compte de leurs forfaits malgré leurs passions violentes, & leurs raisonnemens insensez,

Les Sophiftes d'Eftat ont beau fla-
ter les paffions des Grands de la terre,
& trouver jufte tout ce que la force,
& la couftume authorifent. Il n'y a
point d'homme fi entefté de fa naiffan-
ce, fi enchanté de fa grandeur, fi
gafté par la flaterie, fi corrompu par
fa profperité, fi amoureux de fes de-
fauts, fi inconnu à foy-mefme, fi
éblouy de fa fortune, fi abandonné
à fes volontez, qu'il n'entre quelquefois en confeil avec le bon fens, qui
ne fente les infirmitez de la nature, les
foibleffes de l'humanité, les reproches
de fa confcience, & les coups fecrets
& violents d'une main dont le poids
l'accable. Au milieu des voluptez, &
dans l'abondance de toutes chofes,
s'il luy refte encore quelque fenti-
ment de la belle gloire, il fent bien
qu'il eft privé de ce qu'il y a de plus
doux, & de plus honnefte dans la
vie; & qu'il n'a point de part ny à l'a-
mour des peuples, ny à l'eftime des
gens de bien. Il fent bien que le plus
fouvent il n'eft pas d'accord avec foy-
mefme. L'Oracle du troifiéme Ciel
s'eft fait entendre là deffus. *La parol*

de Dieu eſt puiſſante, elle eſt efficace, & ſoit par une grace de ſa miſericorde, qui nous réveille de la lethargie, où nous ſommes enſevelis, ſoit par un ef-fect de ſa Juſtice qui ne peut ſouffrir de crimes ſans chaſtiment ; *Il s'eſleve de temps en temps des mouvemens ſecrets & violents qui partagent l'ame & l'eſprit, qui diviſent la partie animale, & la par-tie ſuperieure, qui détruiſent les folles ima-ginations par de plus ſaintes penſées ; qui entraiſnent ceux-là meſme qui ſe croyent au deſſus des loix, à un Tribunal incor-ruptible où jamais criminel ne fut abſous.*

ὁ λόγος θεοῦ ἐνεργὴς διικνούμενος ἄχρι μερισμοῦ ψυχῆς τε καὶ πνεύματος, καὶ κριτικὸς ἐνθυμήσεων καὶ ἐννοιῶν καρδίας.

Pour eſtre convaincu d'une ſi belle moralité, il ne faut qu'oüir parler la Nature ; il ne faut que nous appliquer le jugement que nous-meſmes faiſons des autres.

Ce combat interieur, cette agita-tion de penſées, ces mouvemens ſi contraires & ſi oppoſez, nous repre-ſentent le cœur d'un coupable com-me une mer toûjours agitée de quel-que vent, toûjours troublée de quel-

que orage qui vient ou du dedans ou
du dehors. C'eſt l'image que les Prophetes divins nous en ont laiſſée ; &
s'ils demeurent d'accord que la juſtice,
la paix , & la joye faſſent le partage
des ames juſtes en cette vie, & ſoient
un avant-gouſt de la félicité de l'autre ; les Poëtes anciens qui prophe-
tiſoient à leur maniere , n'ont-ils pas
inſtruit les peuples , que les ſuppli-
ces de l'Enfer ſe faiſoient déja ſentir
par avance à l'ame des vicieux in-
curables , & des méchans deſeſpe-
rez ? Voicy comme j'en ay parlé apres
eux.

Ridicules eſprits , ſçavans audacieux ,
Qui voulez penetrer les Myſteres des Cieux,
Vous eſtes les Geans que doit reduire en poudre
L'Ange exterminateur, qui gouverne la foudre.

Quiconque mépriſant la Raiſon & ſes Loix,
De ſon Ambition n'écoute que la Voix ;
Quand de ſes vains projets il ſe fait le Reproche,
Repreſente à nos yeux, & Siſiphe, & ſa Roche.

Celuy qui de l'honneur n'a plus le ſouvenir,
Et qu'un ſi beau lien ne peut plus retenir,
Tant ſa propre infamie aux débauches l'excite ,
A paſſé ſans retour les rives du Cocythe.

Les Silenes qu'on void à la fin des repas,
Où triomphe Bacchus avec tous ses appas,
Ces partisans du Goust, ces buveurs intrepides
Passent pour les tonneaux des folles Danaïdes.

Pour un esprit troublé des craintes de la mort,
Et qui croit sans raison faire naufrage au port,
Le Temps impitoyable à qui tout s'abandonne,
Tient le Cizeau fatal qui n'épargne personne.

Le Vautour affamé qui déchire le sein,
Est d'un aveugle Amour l'ambitieux dessein
Puny par les rigueurs d'une Nymphe cruelle,
Et parce qu'elle est Nymphe, & parce qu'elle est
*　　belle.*

Des superstitieux la trop credule erreur
Des ombres de l'Averne a forgé la terreur.
Enfin les Iuges noirs, le Tartare & son Gouffre,
Les flambeaux composez de bitume & de souffre
Qui brûlent dans les mains des Infernales sœurs,
Et de l'immense nuit redoublent les noirceurs,
Les craintes, les frayeurs, les gesnes, les tortures,
Et s'il est aux Enfers d'autres peines plus dures,
Sont l'insigne tourment d'un insigne peché,
Et les remords d'un cœur par soy-mesme arraché.
Pour luy les plus beaux jours sont couverts de
*　　tenebres,*
Pour luy tous les objets sont des objets funebres;
Ses fuites, ses horreurs ne sont qu'illusions,
Sans cesse il est troublé de noires visions;
Et dans son desespoir qu'il veut & ne peut
*　　suivre,*
Ne trouve aucun moyen de mourir ny de vivre.

C'est

C'eſt ainſi que les vicieux portent
l'enfer dans leur ſein, Ainſi les Fables
meſmes ont eu leur myſtere, & leur
verité; Ou pour mieux dire, ainſi la verité a toûjours prévalu ſur le menſonge. N'en cherchons point de preuve hors de nous.

Il n'en faut croire qu'à ſes yeux,
Il n'en faut croire qu'à ſoy-meſme.

La belle œconomie de l'Univers, &
noſtre propre conſcience dépoſeront
toûjours pour la vraye Religion contre la fauſſe ſageſſe du ſiecle. On ſçait
que le ſentiment de la Divinité a precedé tous les autres; Les vertueux &
les ſages, les ſçavants, & le peuple,
les Philoſophes, & les Potentats, ont
eſté d'accord en ce point. Et partant
la Religion, qui eſt le culte ſuprême
que l'on rend à Dieu, n'eſt pas l'ouvrage d'vne politique intereſſée; quoy
que la Religion ſoit l'appuy & le fondement de la Politique. C'eſt ce que
j'avois deſſein de prouver.

Choſe admirable ! les vrays & les
faux Politiques ont également reconnu qu'on ne peut aſſujettir le peuple
ny aux loix, ny à la raiſon, ſans cette

D

prevention salutaire d'une Divinité
qui sçait tout, & qui juge de tout.
D'où vient cela ? C'est qu'il y a je ne
sçay quelle puissance en nous qui ne
se peut jamais domter ; un entende-
ment qu'on ne peut convaincre que
par l'evidence de la verité, une volon-
té toûjours libre & indépendante. On
ne captive son esprit que pour les ve-
ritez qui sont au dessus des sens, &
les Rois les plus absolus ne sont le
plus souvent obeïs qu'à cause de celuy
qu'ils representent. La force mesme
est toûjours du costé du plus grand
nombre, & quoy que la multitude ne
soit pas toûjours disciplinée, l'exemple de mille revoltes a fait connoistre,
qu'elles ne manquent jamais de chef.
En vain les anciens Cesars se sont as-
surez sur leurs gardes Pretoriennes,
c'est par elles que les plus grandes
conjurations ont esté executées. Combien de fois ont-elles vendu l'empire
du monde au plus offrant ? Combien
de fois les aigles Romaines ont-elles
volé d'un camp à l'autre?

D'ailleurs, la cabale & l'artifice, le
secret, & la confidence mettent sou-

vent les coupables à couvert de la re-
cherche des Juges , & de la feverité
des Loix. Il feroit donc mal-aifé que
les premieres teftes du monde fuffent
toûjours les plus refpectées fans la
perfuafion qu'ont les peuples les moins
traitables d'un Sceptre toûjours veil-
lant fur la conduite de leurs actions,
& de leurs plus fecrettes penfées. Autrement on peut bien regner fur le
corps, mais on ne peut pas regner fur
le cœur, & quelquefois fi Salomon en
eft crû, c'eft à fa ruine , & à fa confufion qu'un homme domine fur les au-
tres. *Interdum dominatur homo homini in* Ecclef. 8. 9.
malum fuum.

Ce fage fils de David avoit donc raifon de croire que le Prince qui fe con-
fie davantage en la protection du Ciel,
qu'en fes propres forces, eft veritablement en fureté. *Ne vous glorifiez pas,*
dit l'Eternel, *ny de voftre pouvoir, ny de
vos richeffes , ny de voftre prudence , ny de
voftre empire , mais glorifiez-vous de fçavoir que c'eft moy qui fuis le Seigneur, Que
c'eft moy qui fais juftice & mifericorde par
toute la terre. Efperez en ma bonté , redou-
tez mes jugements ; car c'eft le moyen de ma*

Ierem. 9. 23. *plaire. Hæc enim placent mihi, dicit Dominus.*

Sans l'affiſtance de celuy de qui toutes les dominations relevent : tant que les armes ſeroient entre les mains du plus fort, les plus foibles ſeroient contraints de plier ; mais à la premiere revolution qui leur ſeroit favorable, ils ſe ſouviendroient du temps où l'on ne plaçoit que des Heros ſur le Thrône, & des bien-faicteurs du genre humain.

Iuſt. lib.
hiſt. 1.

> *Quand les peuples par leur choix*
> *Diſpenſerent les Couronnes,*
> *C'eſtoit de telles perſonnes*
> *Qu'on faiſoit Reynes & Rois.*

Qu'heureuſe eſt la Monarchie où la nature a fait tout ce que la plus juſte eſlection auroit pû faire ; ou les dons de l'eſprit & du corps rendent encore plus venerable la majeſté de l'Empire, où le zele & la prudence du Prince ont étouffé dans leur propre venin deux peſtes également ennemies de la vraye Religion, la ſuperſtition, & l'impieté ; l'une eſt le défaut des ames timides & baſſes, l'autre eſt une force d'eſprit mal inſtruite, & mal reglée. La ſouveraine authorité d'un Monar-

que, quand elle eſt bien ſouſtenuë,
détruit abſolument ces deux monſtres.
C'eſt ce qu'a fait, c'eſt ce qu'a dit le
plus ſage, & plus ſçavant de tous les
Rois, qui fut encore plus admirable en
ſes actions, qu'en ſes paroles.

L'hiſtoire nous le repreſente élevé
ſur un char magnifique au milieu de
toute ſa Cour, & ſuivy de vingt mille
chevaux de ſa garde, montez par de
jeunes cavaliers, chacun avec la veſte
de Tyr, & le carquois ſur le dos, la
chevelure blonde tombante par bou-
cles ſur leurs eſpaules, & ſemée de pa-
pillotes d'or qui redoublent l'éclat du
jour, & les couvrent tout de lumiere.
Le grand Preſtre, & l'Hiſtorien des
Juifs décrit le triomphant Salomon
precedé de cinq cens boucliers d'or
maſſif que l'on porte en parade devant
luy le jour qu'il va faire conſacrer le
Temple qu'il a edifié pour le Dieu vivant dans tous les ſiecles. Quand ce Monarque fait marcher en ſi belle ordon-
nance ſa pompe guerriere & pacifique,
& que le ſouverain Sacrificateur le reçoit avec l'ordre ſacré des Levites en
robe blanche, ceints de leur ceinture

Ioſeph lib. Ant. 8. c. 1.

Ioſeph

de pourpre, l'Encenſoir d'or à la main,
& remply des plus exquis parfums d'A-
rabie : Quand ce Prince immole au
Seigneur plus de vingt mille taureaux,
& plus de cent mille autres victimes :
Quand les genoux en terre, & les mains
levées au Ciel, il ſe preſente devant
l'Autel des holocauſtes où il dépoſe
ſon Sceptre & ſa Couronne, & où le
feu du Ciel deſcend à ſa priere ſur ſes
offrandes Royales : Quand, dis-je, Salomon paroiſt ſi grand & ſi merveilleux
à la veuë des trois Paleſtines, & de
tant de Nations accouruës en foule à
la magnificence d'un ſi merveilleux
ſpectacle : N'eſt-il pas vray qu'en cet
eſtat ce Roy ſi ſoûmis & ſi glorieux tout
enſemble, eſt effectivement l'Eccle-
ſiaſte, c'eſt à dire le parfait Orateur,
le Predicateur des peuples, le docteur
des Rois, la terreur des infidelles, l'exterminateur de l'idolâtrie, le fleau de
l'impieté & de la ſuperſtition de la terre ? Qu'il paroiſt pompeux aux yeux
des hommes, qu'il eſt humble aux yeux
de Dieu ! Que de bon cœur il entonne
le premier l'Hymne de la Victoire
remportée ſur l'erreur, & ſur le men-

fonge, & qu'il en fait bien fes homma-
ges à la fuprême Majefté : *Dixifti me*
ædificare templum in monte fanƈto tuo in Sap.9.v.8.
fimilitudinem tabernaculi fanƈti tui quod
præparafti ab initio. Que cette confef-
fion de foy eft augufte, qu'elle eft fainte, qu'elle eft genereufe ! Elle eft faite
à la face du Ciel & de la Terre, des Anges & des hommes, fpeƈtateurs & té-
moins de la pieté de Salomon ! Que la
verité divine qu'il publioit alors, eftoit
magnifiquement annoncée ! avec quelle foûmiffion, avec quel refpeƈt, avec
quelle adoration eftoit-elle entenduë
dans Hierufalem ? Que ce nouveau
triomphe de la Religion fur l'idolâtrie, eftoit fuivy de benediƈtions par
ceux-mefmes dont la Religion triom-
phoit ! Heureux trois & quatre fois
les idolâtres convertis, qui ouvrirent
les yeux à la verité viƈtorieufe que Salomon leur montra dans un fi beau
jour ! Que les Efclaves délivrez de la
fervitude des Demons regarderent
avec raviffement tomber leurs chaif-
nes, qu'ils fe crûrent cheris du Ciel, de
fe voir tout d'un coup tranfportez à la
Terre fainte, de la terre de malediƈtion

& d'anathême, où ils s'estoient eux-mesmes condamnez. Mais sur tout que les ridicules émulateurs de la puissance de Dieu, & les vsurpateurs de sa gloire furent terriblement confondus. Ah que ce Roy si magnifique, si religieux, & si sage, pouvoit bien dire aux Egyptiens ses alliez, accourus à cette pompe sacrée, ce qu'autrefois l'Envoyé du Seigneur disoit aux tyrans d'Egypte; *Les Dieux que vous adorez sont les victimes que nous immolons.* Ah souverain des Dieux, *Deus deorum*, que ta verité sera bien glorifiée, & que le Regne sera florissant, ou l'on détruira les superstitieux & les méchans, ou les hypocrites & les impies seront universellement exterminez.

F I N.